6.50

Reinhard Philippi

# 30 Minuten für professionelle Veranstaltungs-Dramaturgie

Bibliografische Information Der Deutschen Bibliothek

Die Deutsche Bibliothek verzeichnet diese Publikation in der Deutschen Nationalbibliografie; detaillierte bibliografische Daten sind im Internet über http://dnb.ddb.de abrufbar.

Umschlag und Layout: HDR Repro GmbH, Offenbach
Lektorat: Hille & Schäfer, Freiburg
Satz: Wegner-Repke Typographie & Design, Offenbach
Druck und Verarbeitung: Salzland Druck, Staßfurt



Hinweis:
Das Buch ist sorgfältig erarbeitet worden. Dennoch erfolgen alle Angaben ohne Gewähr. Weder Autor noch Verlag können für eventuelle Nachteile oder Schäden, die aus den im Buch gemachten Hinweisen resultieren, eine Haftung übernehmen.

Printed in Germany



ISBN 3-89749-356-X

## In 30 Minuten wissen Sie mehr!

Dieses Buch ist so konzipiert, dass Sie in kurzer Zeit prägnante und fundierte Informationen aufnehmen können. Mit Hilfe eines Leitsystems werden Sie durch das Buch geführt. Es erlaubt Ihnen, innerhalb Ihres persönlichen Zeitkontingents (von 10 bis 30 Minuten) das Wesentliche zu erfassen.

*Kurze Lesezeit*
In 30 Minuten können Sie das ganze Buch lesen. Wenn Sie weniger Zeit haben, lesen Sie gezielt nur die Stellen, die für Sie wichtige Informationen beinhalten.

- Alle wichtigen Informationen sind blau gedruckt.

- Schlüsselfragen mit Seitenverweisen zu Beginn eines jeden Kapitels erlauben eine schnelle Orientierung: Sie blättern direkt auf die Seite, die Ihre Wissenslücke schließt.

- *Zahlreiche Zusammenfassungen innerhalb der Kapitel erlauben das schnelle Querlesen. Sie sind blau gedruckt und zusätzlich durch ein Uhrsymbol gekennzeichnet, so dass sie leicht zu finden sind.*

- Ein Register erleichtert das Nachschlagen.

# Inhalt

# Vorwort

Für jedes Event – ob Kundenveranstaltung, Produktpromotion, Präsentation, Klausurtagung, Vertriebstagung oder Mitarbeiter-Event – gilt: Stets entscheiden die Dramaturgie der Veranstaltung, die Struktur der Inhalte und Botschaften und die Gestaltung des Rahmens darüber, was Sie bei den Veranstaltungsteilnehmern auslösen und bewegen können.

Für Sie als Event-Manager geht es darum, Ihre Zielgruppe für die Inhalte zu begeistern und Marketingziele perfekt umzusetzen, Bedürfnisse zu wecken und Erwartungen zu befriedigen.

Events sind emotional und gerade deshalb auch so überaus erfolgreich, denn sie setzen emotionale Highlights in einer technisierten Umwelt. Events schaffen Öffentlichkeit, weil sie mehr sind als pure Werbung. Und: Events begeistern – direkt, unmittelbar und nachhaltig. Vorausgesetzt, das Konzept stimmt!

Die Stimmigkeit aller Einzelkomponenten macht die Faszination eines Events aus. Die einzelnen Komponenten verschmelzen im Idealfall so miteinander, dass die Teilnehmer nicht mehr wissen, was sie so fasziniert hat, sie aber etwas mitnehmen, was sie bewegt hat und weiter beschäftigt. Es soll eine Atmosphäre geschaffen werden, welche die Teilnehmer des Events öffnet und bereit macht das mitzunehmen, was Sie ihnen – ohne aufdringliche Didaktik – vermitteln möchten.

In diesem Buch geht es also um die Struktur und Dramaturgie, mit der Sie Ihre Veranstaltung zu einem Feuerwerk machen, und darum, an welchen Stellen Sie dramaturgische Kunstgriffe ansetzen können.

Viel Spaß beim Lesen und den Mut, die beschriebenen Anregungen bei Ihrer nächsten Veranstaltung praktisch umzusetzen, wünscht Ihnen Ihr

*Reinhard Philippi*

# 1. Storyboard

Sicher können Sie aus einer Idee viel machen. Besser, weil nachhaltiger, ist es aber viel zu machen, um daraus eine gute Idee zu kreieren. Das funktioniert dann so, wie bei einem großen Puzzle: Zunächst werden die Randsteine und Eckpunkte gesucht und erst danach die sich unterscheidenden Felder wie Himmel, Wald, Boden usw. und die strukturierenden Linien wie Horizont, Gebäudebegrenzungen oder Ähnliches.

Gleiches gilt für die Vorbereitung oder *storyline* von Veranstaltungen: Je strukturierter die Vorarbeit, desto klarer wird anschließend das Bild, das zu einer Idee und schließlich zum Konzept führt. Das *storyboard* gibt Auskunft über Inhalte, Struktur und Gestaltung. Hier legen Sie alle dramaturgischen Eckpfeiler fest.

## 1.1 Keymotion

Was wollen Sie am Ende Ihrer Veranstaltung erreicht haben? Wo holen Sie Ihre Teilnehmer ab und wohin soll die Reise für sie gehen? In welchen emotionalen Zustand wollen Sie Ihre Teilnehmer versetzen und mit welchem Wissen und Handlungskonzept sollen sie die Veranstaltung verlassen? Das ist die *keymotion* und Basis Ihrer Veranstaltungsstory.

*Anlass*
Irgendjemand hat irgendwann aus irgendeinem Beweggrund die Veranstaltung initiiert. Bringen Sie alle Hintergründe – gedankliche wie emotionale – in Erfahrung, die zu der Entscheidung, diese Veranstaltung

zu organisieren, geführt haben. Auf diese Weise werden Sie bereits viele Anregungen für Ihr *storyboard* finden.

*Thema*
In der Regel zeichnen sich hier schon eine Art Spannungsbogen, ein *plot* oder eine Geschichte ab, anhand derer Sie das Thema eingrenzen und definieren können. Formulieren Sie das Thema aus Sicht der späteren Teilnehmer immer so, dass Vorfreude und Spannung geweckt werden. Für Ihr *storyboard* können Sie nun ganz genau bestimmen, welche Inhalte zum Thema gehören und welche nicht.

*Ziele*
Im nächsten Schritt legen Sie fest, welche Ziele am Ende erreicht sein sollen. Diese bestimmen bereits die beiden ersten dramaturgischen Elemente:

- Erstens die Richtung der aufeinander aufbauenden Szenen auf die Ziele hin. Die Szenen haben den Zweck, die Geschichte voranzutreiben und sie emotional aufzuladen.
- Zweitens den Schluss. Der Schluss besteht aus dem Ziel bzw. den Zielen, die Sie anstreben. Um später das Drehbuch schreiben zu können, muss ich mir erst über das angestrebte Ende klar werden.

Damit besitzen Sie den roten Faden, die *storyline*, die nun im *storyboard* ausgearbeitet werden kann. Skizzieren Sie in zwei bis drei Sätzen den Veranstaltungsablauf *(plot)*, in dem der rote Faden, das Hauptthema sowie der Schluss enthalten sind.

**Beispiel:** An einem Auftakt-Samstag wird mit 80 Führungskräften das Thema „Kundenorientierung" erlebbar und in persönlichen Handlungskonzepten umsetzbar erarbeitet. Mit Theaterelementen, externen Referenten, einer Expertenbefragung, Diskussionsrunden und viel Bewegung werden die Teilnehmer für den Kundendialog aktiviert und motiviert.

Zur *storyline* gelangen Sie über vier Denkschritte:

- Was will ich erreichen?
- Wie sieht die Welt der Teilnehmer aus?
- Welche Inhalte will ich vermitteln?
- Wie emotionalisiere und codiere ich diese?

Nun sammeln Sie weitere „Puzzleteile" für das *storyboard*. Zunächst die Randteile, die das Spielfeld, auf dem Sie sich und vor allem die Teilnehmer bewegen werden, markieren. Diese sind:

- Titel/*claim*
- *keymessage*
- *keyvisuals*

***Titel/Claim***

Entwickeln Sie einen *claim* für Ihre Veranstaltung. Dieser sollte wie die *headline* eines Zeitungsartikels den Inhalt auf den Punkt bringen und Interesse wecken:

- Er soll Zielsetzung und Inhalt der Veranstaltung kurz umreißen.

- Er soll Spannung erzeugen und Vorfreude auf die Teilnahme wecken.

**Beispiel:** „Eine Bank, die weiterdenkt." Wir formulieren die Probleme, Forderungen, Ziele und Wünsche unserer Kunden. Unabhängig davon, ob es sich um einen Privatkunden oder einen Unternehmenskunden handelt. Und wir zeigen, dass es jemanden gibt, der diese Forderungen und Wünsche aufnimmt und weiterhilft, weil er weiterdenkt – die LBW.

*Keymessage*

Die Kernbotschaft oder *keymessage* ist der wichtigste Teil einer kommunikativen Aussage und sollte kurz und prägnant formuliert sein. Sie stellt das Grundgerüst Ihrer Strategie dar: Was soll eigentlich vermittelt werden? Wie erklären Sie Ihren Teilnehmern in zwei Sätzen, was das Thema ausmacht?

Die *keymessage* bringt den Sinn und Zweck der Veranstaltung in Form eines Slogans auf den Punkt. Als Dreh- und Angelpunkt der Strategie bildet sie den roten Faden über alle Teilnehmer und Phasen hinweg.

Am wirkungsvollsten ist eine *keymessage*, wenn sie sich auf einen emotionalen Aspekt, den Hauptnutzen oder eine besondere Eigenschaft aus der Sicht der Teilnehmer bezieht. Sie sollte möglichst etwas für die Zielgruppe Wünschenswertes oder Interessantes aussagen und sich von den Slogans der/des Mitbewerber/s deutlich abheben. Zudem sollte die Kernbotschaft glaubwürdig und beweisbar sein.

Wie könnte jetzt also die Kernbotschaft Ihrer Veranstaltung lauten?

- ______________________________
  ______________________________

Sie merken sicher, dass es eines besonderen Aufwands bedarf, um solch einen Satz zu finden, der sowohl nach innen als auch nach außen die gewünschte Wirkung hat. Geben Sie einfach einmal in einer Suchmaschine des Internets den Begriff „Kernbotschaft" ein.

*Keyvisuals*

Ein *keyvisual* (Schlüsselbild) ist ein Bildmotiv, das eine Botschaft transportiert. Es sollte Aufmerksamkeit erzeugen, einprägsam sein und sachliche Informationen und/oder einen emotionalen Erlebnisgehalt vermitteln, um die Entstehung eines „inneren Bildes" von dem Thema beim Teilnehmer zu bewirken. Dabei kann es sich um Symbole, Personen, Tiere, künstliche oder gegenständliche Figuren handeln.

**Beispiele:** das grüne Segelschiff von *Beck's Bier*, die Bratpfanne von *Fairy Ultra* und die Tomate von *Dr. Best*-Zahnbürsten.

Bilder erzeugen Aufmerksamkeit, lassen sich gut erinnern, ermöglichen eine schnelle Kommunikation und eignen sich vor allem zur Erzielung von emotionalen Wirkungen. Sie bringen die emotionale und informative Positionierung des Themas auf einen bildlichen und daher besonders einprägsamen Punkt.

*Was wollen Sie am Ende Ihrer Veranstaltung erreicht haben? Wo holen Sie die Teilnehmer ab und wohin soll die Reise für sie gehen? In welchen emotionalen Zustand wollen Sie Ihre Teilnehmer versetzen und mit welchem Wissen und Handlungskonzept sollen sie die Veranstaltung verlassen? Keymotion, das beinhaltet die Randteile, die das Spielfeld, auf dem wir uns und vor allem die Teilnehmer bewegen, markieren: Titel/claim, keymessage und keyvisuals.*

## 1.2 Inhalte

Die Planung einer Veranstaltung beginnt immer mit der Definition von den Inhalten und ihrer Struktur. Ablauf, Gliederung und Inhalte bestimmen die äußere Form (*setup*, Handlungsfaden). Diese sind ausschlaggebend dafür, ob das Interesse der Teilnehmer nachhaltig genug ist, um das Thema aktiv umzusetzen. Aber zunächst sammeln Sie alle Inhalte. Dazu zählen:

- Redetexte
- Präsentationen
- Dialoge auf der Bühne (Podiumsdiskussion, Expertenrunde o. ä.)
- Eventuell bereits festgelegte Punkte des Rahmenprogramms oder anderer *acts*
- *Trailer* und *teaser*

***Inhalte gewichten***

Die inhaltliche Gewichtung ist eine Strategie zur Erweiterung der Speicherleistung des Gedächtnisses der

Teilnehmer. Sie können die Inhalte in Informationseinheiten *(chunks)* zerlegen. *Chunking* nennt man die Zusammenfassung (Recodierung) von Einzelinformationen zu größeren *chunks*, wodurch die Menge der speicherbaren Informationen entscheidend erweitert werden kann.

Grundsätzlich können Sie nach folgenden Informationen differenzieren:

- Kerninformation: Prägnante Aussage, die das Hauptthema betrifft.
- Hintergrundinformationen: Details oder Beweise, die Zusammenhänge des Themas darstellen.
- Randinformation: Diese wird nur verbal vorgetragen. Es handelt sich um ein Beispiel oder einen Exkurs, das bzw. der zum besseren Verständnis der Kerninformation beiträgt.

*Funktion und Inhalte bestimmen die äußere Form (setup) Ihrer Veranstaltung. Diese sind ausschlaggebend dafür, ob das Interesse der Teilnehmer nachhaltig genug ist, um das Thema aktiv umzusetzen. Inhaltlich können Sie Kerninformationen, Hintergrundinformationen und Randinformationen unterscheiden.*

## 1.3 Erzählperspektive

Die Frage nach der Erzählperspektive *(point of view)* gehört zu den grundsätzlichen dramaturgischen Elementen:

- Wer ist es, dessen Geschichte ich erzählen möchte? Der Teilnehmer, der Markt, das Umfeld, das eigene Unternehmen?
- Aus welcher Perspektive möchte ich die Geschichte erzählen? Als Erfolgreicher, Motivierter, Betroffener, Suchender?
- Oft werden Geschichten aus der Perspektive des eigenen Unternehmens erzählt; das muss aber nicht unbedingt so sein. Im Gegenteil, ein Unterschied zwischen dem eigenen Unternehmen als Hauptfigur und der Erzählperspektive kann die Dramaturgie manchmal reicher und interessanter machen.
- Man kann auch zwei oder mehr Erzählperspektiven verwenden, etwa die des Helden (zum Beispiel ein zufriedener Kunde) und die des Gegners (zum Beispiel ein Mitbewerber).

*Die Erzählperspektive (point of view) gehört zu den grundsätzlichen dramaturgischen Elementen. Aus welcher Sicht und mit welcher Perspektive Sie das Thema beleuchten, bestimmt den Weg, dem Ihre Teilnehmer (gedanklich) folgen werden.*

## 1.4 Tonalität

Die Tonalität (Stimmung, Atmosphäre) bezieht sich auf die inhaltliche Gestaltung der Veranstaltungsbotschaft. Häufig wollen Entscheider bei der Vermittlung von Inhalten auf eine sachliche Ebene gehen. Schade, denn gerade durch die emotionale Aufladung sachlicher Argumente werden diese erst wirklich begreifbar.

**1. Rational:** Bei rationaler Tonalität steht die Argumentation im Mittelpunkt, die durch Bild und Ton lediglich unterstützt wird. Dies sind in der Regel Vortragsveranstaltungen, bei denen sowohl die Bildersequenzen als auch der Ton einen informativen Charakter besitzen.

**2. Emotional:** Ein Event gilt als emotional, wenn die Übermittlung eines erlebnisorientierten Eindrucks im Mittelpunkt steht. Emotionale Events kommunizieren ihre Botschaft häufig mit ansprechenden Bildern und Stilelementen wie Erotik, Humor und Musik. Dabei handelt es sich oft um Incentive-(Anreiz-)Veranstaltungen und Feiern.

**3. Emotional und rational:** Als emotional und rational werden Events bezeichnet, die Gefühl und Verstand gleichermaßen ansprechen. Eine typische Erscheinung dieser Tonalität sind Veranstaltungen, bei denen emotionale und sehr bildhafte Szenen mit nüchtern-rationalen Informationen verbunden sind. Dazu gehören Workshops, Seminare, Mitarbeitertagungen und Messen.

Legen Sie für sich die Tonalität Ihrer Veranstaltung fest, dadurch finden Sie immer den richtigen Ton, rational wie emotional.

*Die Tonalität (Stimmung, Atmosphäre) ist die Grundmelodie, auf der das Thema „gespielt" wird. Sie trägt die inhaltliche Botschaft. Durch die emotionale Aufladung sachlicher Argumente werden diese erst wirklich begreifbar.*

## 1.5 Location – Rahmen

Der Erfolg eines Events liegt sicherlich nicht ausschließlich an der „richtigen" *location*, doch sie ist einer der wichtigsten Faktoren für eine gelungene Veranstaltung; denn nur, wenn die Atmosphäre stimmt, fühlen sich die Gäste auch wohl.

Die Teilnehmer müssen von der *location*, die sie zuerst wahrnehmen, bereits positiv angesprochen und eingestimmt werden. Eine stimmige *location* kann das Ziel bzw. die Botschaft sehr unterstützen und Spannung erzeugen.

*Eine stimmige location kann das Ziel bzw. die Botschaft Ihrer Veranstaltung sehr unterstützen und Spannung erzeugen.*

## 1.6 Storyboard

Mit diesen Grundlagen können Sie jetzt Ihr *storyboard* (Exposé) schreiben. Dieses könnte beispielsweise folgende Form haben: Waagerecht ist das Blatt in einzelne Szenen aufgeteilt, je nach Umfang bzw. Ausführlichkeit der Beschreibung passen etwa drei Szenen auf eine DIN-A4-Seite.

In der ersten Spalte wird jedes *set* skizzenhaft dargestellt, damit man gleich einen visuellen Eindruck von der Szene hat, ohne erst ausführliche Beschreibungen lesen zu müssen. Die zweite Spalte gibt die

Setnummer an, nach der die gesamte Veranstaltung gegliedert ist. Dann folgen zwei Spalten für die Zeiten, einmal die jeweilige Startzeit und daneben die Dauer der Szene. In der rechten Spalte schließlich ist Platz für die Beschreibung der Szene.

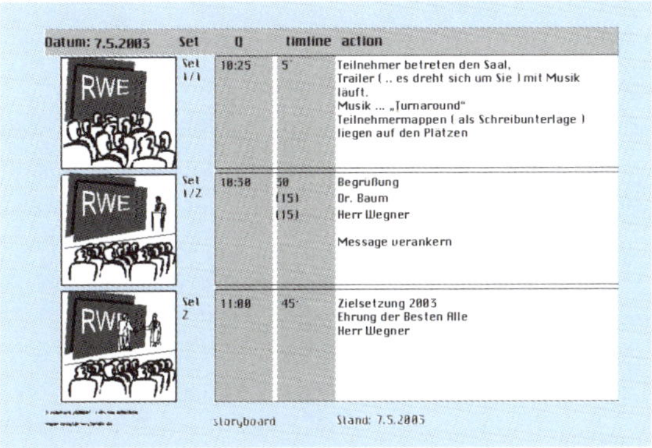

| Datum: 7.5.2003 | Set | 0 | timline | action |
|---|---|---|---|---|
| | Set 1/1 | 10:25 | 5' | Teilnehmer betreten den Saal, Trailer ( .. es dreht sich um Sie ) mit Musik läuft. Musik ... „Turnaround“ Teilnehmermappen ( als Schreibunterlage ) liegen auf den Plätzen |
| | Set 1/2 | 10:30 | 30 (15) (15) | Begrußung Dr. Baum Herr Wegner Message verankern |
| | Set 2 | 11:00 | 45' | Zielsetzung 2003 Ehrung der Besten Alle Herr Wegner |

storyboard Stand: 7.5.2003

*Das storyboard (Exposé) enthält die Schlüsselbotschaft Ihrer Veranstaltung, den groben Handlungsablauf, Inhalte, die das Interesse der Teilnehmer wecken sollen, und die erste Fixierung der Grundelemente, aus denen die Geschichte geformt und das Drehbuch geschrieben werden kann: Ort und Zeit, Hauptthemen/-figuren, Blickwinkel der Inhaltsvermittlung, der Konflikt, um den es bei diesem Thema geht, eine kurze Beschreibung der wesentlichen Entwicklungen bei der Lösung (plot), Höhepunkt und Schluss der Geschichte, Emotionalisierung der einzelnen sets.*

## 2. Bühne

Jede Veranstaltung besteht aus vielerlei Bühnen, der Hauptbühne und einiger Nebenbühnen. Das ist wie auf einem Fest, bei dem im Wohnzimmer alles hergerichtet ist – und die Stimmung in der Küche stattfindet. Diese gilt es ebenfalls in die Inszenierung einzubauen.

## 2.1 Rede und Vortrag

Bei Konferenzen und Tagungen liegt das inhaltliche Gewicht auf den Vorträgen. Eine professionelle Event-Dramaturgie bezieht diese nicht nur mit ein, sondern macht sie zum Grundgerüst der gesamten Veranstaltung.

*Vorträge*
Vorträge werden in der Regel frontal gehalten. Je länger die frontale Darbietung dauert, um so eher reagieren die Zuhörer mit Desinteresse. Es gibt ein einfaches Schema, das Abhilfe schafft: Redeteil bis maximal zehn Minuten, dann ein kurzer *act* oder *clip*, Redeteil, *act/clip* usw.

*Acts* während der Vorträge stimmen Sie mit dem Redenschreiber/Referenten ab. Oft ist es für diese ungewohnt, in ihren Vortrag solche bildhaften Elemente einzubauen. In der Regel sind sie aber dankbar, dadurch einen starken roten Faden zu bekommen. Und nachher sind sie immer beglückt, wenn sie sehen, wie stark ihre Inhalte gewirkt haben. Also Mut; „Das haben wir noch nie so gemacht“ gilt nicht!

***Präsentationen***

Vor allem bei Veranstaltungen mit Workshops gibt es häufig die Situation, dass auf der Bühne Ergebnisse präsentiert werden. Nun werden Sie aber nicht die Zeit haben, auf alles einzugehen. Um niemanden zu benachteiligen, präsentieren Sie scheinbar alles (siehe untenstehende Abbildung), wählen aber zur Erörterung in einer Diskussionsrunde bestimmte Ergebnisse aus. Das ist auch für den Rest des Plenums spannend.

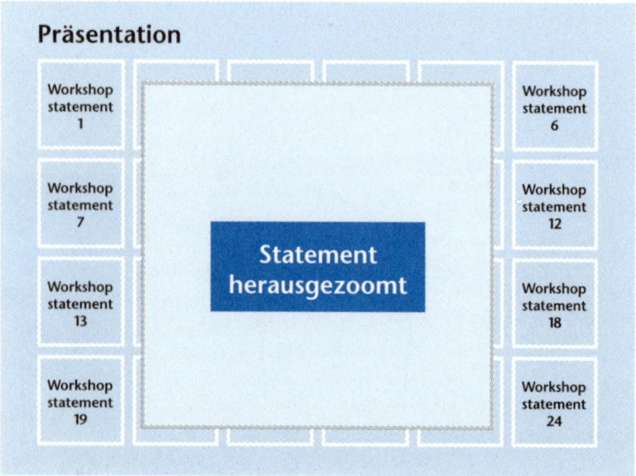

*Diskussionen*
Podiumsdiskussionen sollen zwar live ein Thema behandeln, gleichfalls aber auch für das Publikum erlebnisreich sein. Das ist ähnlich wie mit der Regenbogenpresse: Die Leser wollen „hinter die Kulissen" des Themas und der Meinungen schauen.

Legen Sie die Dialoge ruhig im Voraus schon fest, auch wenn sich die Diskussionsteilnehmer nicht wörtlich daran halten werden. Und sprechen Sie mit jedem eine „heikle" Frage ab, die ihm vom Moderator gestellt werden wird.

*Bei Konferenzen und Tagungen liegt das inhaltliche Gewicht auf den Vorträgen. Eine professionelle Event-Dramaturgie bezieht diese mit ein, macht sie sogar zum Grundgerüst der gesamten Veranstaltung, anstatt sich lediglich um das Rahmenprogramm zu kümmern.*

## 2.2 Bühnenbild

Das Bühnenbild ist mehr als nur Podest, Leinwand und Rednerpult. Es hat nicht nur drei Dimensionen, sondern steuert auch Emotionen. Oder könnten Sie sich Ihr Lieblingsstück am Theater auf „nackter Bühne" vorstellen (ausgenommen modernistische Inszenierungen oder solche von Improvisationstheatern)?

*Raumtiefe*
Über die sichtbare, vertikale Bühnenansicht hinaus bestimmen die Tiefe des Raums und auch die Abbildung

der Tiefe (Schärfentiefe) im Gesamtbild die Komposition. Durch den Aufbau von Vorder-, Mittel- und Hintergrund, die Verteilung von Helligkeit/Dunkelheit und/oder Farbkontrasten sowie durch diagonale Linien, die in die Tiefe führen, kann Raumtiefe gestaltet werden.

Objekte im Vordergrund bekommen eine besondere Bedeutung. Und dies sollte nicht die Front des Rednerpults sein. Achten Sie auf:

- Licht- und Farbkontraste
- Streiflicht (mit Farbfiltern) an der Rückwand
- Punktgenaue Ausleuchtung der Schriftzüge
- Vordergrundobjekte, die zum Beispiel das Thema visualisieren (aber keine Blumendekoration!)

***Raumbeziehung – offene/geschlossene Bühne***
Ein weiteres Element ist die Beziehung, in welche die Bühne die Akteure zum Raum stellt. In Verbindung mit der Komposition kann der Raum in der Einstellung geschlossen oder offen gehalten werden.

Bei der offenen Bühne ist diese komplett ausgeleuchtet, erst am Rand beginnt der abgedunkelte Raum; dieser bleibt aber für den Zuschauer als nicht sichtbare Umgebung stets spürbar. Die Akteure betreten die Bühne (Bildausschnitt) von außerhalb (Auftritt) und verlassen ihn in den nicht sichtbaren Teil des Raums (Abgang).

Die geschlossene Bühne dagegen beleuchtet nur den aktiv genutzten Teil, das Licht bleibt bei allen Bewegungen der Akteure auf ihnen haften, folgt ihnen also als Lichtkegel. Innerhalb der Bildkomposition wird der Akteur meist in der Bildmitte gehalten.

*Die Bühne ist nicht nur die Leinwand.*
*Sie bestimmen, wie Sie den Raum nutzen, mit Leben füllen und als Ganzes erlebbar machen, indem Sie auch diese „Abläufe" planen.*

## 2.3 Szenographie

Die Szenographie hat sich aus dem Bühnenbild entwickelt und umfasst die Gestaltung des gesamten Bühnenraums. Hier geht es darum, die Gestaltungselemente in die Gesamtdramaturgie einzubeziehen. Die Bedeutung der Geste, des Wortes, des Rhythmus', der Linien und Farben wird sozusagen verdichtet.

***Standpunkte darstellen und Stellung beziehen***
Wann steht ein Redner am Pult, wann an einem Stehtisch in der Bühnenmitte, wann bewegt sich ein Moderator im Publikum? Es kommt immer darauf an, wie das Gesagte vermittelt werden soll:

- Als Aussage (neutral)
- Als Aufforderung (Appell)
- Als Einladung (Bitte)
- Als Notwendigkeit (Verpflichtung)

Entsprechend dieser Tonalität richten Sie dem Redner oder dem *act* die Bühne ein: Eine neutrale Aussage kann überall gemacht werden. Ein Appell mit seiner Eindringlichkeit sollte vom Redner statt hinter dem Pult dem Publikum von der Bühnenmitte an der Bühnenkante aus überbracht werden, durchaus mit visueller Unterstützung im gezoomten Bildausschnitt.

Eine Bitte/Einladung sowie eine verpflichtende Aussage zieht die Teilnehmer in das Geschehen hinein, also auf die Bühne. „Machen Sie mit ...“ kann mit einer Aktion, die tatsächlich zum Mitmachen einlädt, dargestellt werden. Oder Sie holen für eine solche Szene wirklich Teilnehmer auf die Bühne, sozusagen stellvertretend für das gesamte Plenum.

*Körpersprache der Bühne*
Die Körpersprache dient in der Rhetorik als wichtige Unterstützung der verbalen Informationsvermittlung. Das Zusammenspiel aus Mimik, Gestik und Körperhaltung ergibt die Gebärden. Gleiches gilt für die Szenographie. Hier sind die vergleichbaren Elemente:

- Bühnenbild (Mimik) mit Hintergrund, Ausleuchtung, Farbe, Dekoration.
- Ambiente (Gestik): Handelt es sich um eine Vortragsbühne mit Stehpult und Leinwand, eine Diskussionsbühne mit Sitzgruppe oder Stehtischen oder eine Szenerie, in welche die Akteure eingebunden sind?
- Bühnenform (Körperhaltung): Dazu gehören die Zentral- oder Längsbühne, die Bühnentiefe, die Positionsbühne (auf der schon alles steht) oder die Umbaubühne.

**Beispiel zur Mimik:** Die Rückwand kann sich durch ein Streiflicht mit Farbfiltern in eine „pulsierende" Fläche verwandeln, welche der Bühne einen der Szene entsprechenden (Farb-)Ausdruck verleiht.

**Beispiel zur Gestik:** Für einen Kongress, dessen Bühne vormals lediglich aus Podest und Pult bestand, gab es zur Abwechslung eine Szenerie mit vielen Würfeln (60 x 60 cm), die unterschiedlich figuriert mal ein Pult, mal eine Sitzgruppe und mal Stehtische ergaben. Schließlich wurden diese Würfel am Ende auch noch für eine Interaktion auf der Bühne verwendet, indem ein Torbogen daraus gebaut wurde.

**Beispiel zur Körperhaltung:** Kurios, aber erlebnisreich: Eine Drehbühne mitten im Saal, die sich innerhalb von zwei Minuten um 360 Grad dreht.

*Die Szenographie bezieht Gestaltungselemente in die Gesamtdramaturgie mit ein. Die Bühne besitzt Ausdrucksmittel, die den menschlichen Gebärden wie Mimik, Gestik und Körperhaltung entsprechen. Diese unterstützen wie in der Rhetorik die Handlung. Wo steht der Moderator? Wie zeigt der Referent seinen Teilnehmern, dass er „auf ihrer Seite" steht? Wie verkörpert er seinen „Standpunkt"? Jede Veranstaltung besteht aus vielerlei Bühnen: der Hauptbühne, aber auch einiger Nebenbühnen, wie z. B. Workshops, Foyer, Plenum, Restaurant, Hotelzimmer. Diese gilt es ebenfalls in die Inszenierung einzubauen.*

# 3. Rahmenprogramm

## 3.1 Gestaltung

Zu einer gut vorbereiteten Veranstaltung gehört auch ein ebensolches Rahmenprogramm, das zu einer entspannten Veranstaltungsatmosphäre beiträgt. Daneben soll es die Botschaft der Veranstaltung unterstützen und die Veranstaltungsziele langfristig verankern, denn über positive Erlebnisse prägen sich die vermittelten Informationen besser ein. Das Rahmenprogramm ist also nicht zu verwechseln mit einem Begleitprogramm.

*Rahmen ist nicht gleich location*
Die Wahl des Veranstaltungsortes entscheidet bereits weitgehend über die möglichen Alternativen für ein Rahmenprogramm. Es ist jedoch ein Irrtum zu glauben, ein spektakuläres Rahmenprogramm benötige eine spektakuläre Umgebung. Man kann auch mit einfachen Mitteln „etwas Tolles zaubern".

*Rahmenprogramm ist mehr als ein Abend-Event*
Die Ausrichtung eines Rahmenprogramms dient der Vertiefung der Veranstaltungsziele, aber nicht ausschließlich: Es soll außerdem ein Motivationsschub für den weiteren Erfolg der Veranstaltung sein. Aus diesem Grund wird der größte Teil des Rahmenprogramms in die Mitte der Veranstaltung (meist der Abend) gesetzt. Aber wie ein Rahmen zieht er sich mit Aktionen und Erlebnissen natürlich um das gesamte Programm:

- Pausen mit Catering, Interaktionen, Musik
- Trailer als Ankündigung der Programmfortsetzung
- Aufmerksamkeiten in den Zimmern

- Musik im Plenum
- Mahlzeiten und Abendprogramm
- Tages-Opening
- Services

*Der Rahmen muss zum Bild passen*

Eine Veranstaltung wird als gelungen empfunden, wenn das fachbezogene Programm und das Rahmenprogramm eine harmonische Einheit bilden. Das bedeutet, dass beide Programme sich gegenseitig ergänzen sollten. Die einfachste Art, eine Verbindung mit den Inhalten herzustellen, gelingt über das Thema.

**Beispiel 1:** Bei einer Vertriebstagung eines Versicherungsunternehmens lautete das Motto: „Alles dreht sich um Sie." Für den passenden Rahmen sorgten ein sich drehendes Buffet am Abend, Cocktails, die mit dem „richtigen Dreh" gerührt wurden, eine Drehbühne und als *visual* ein Kreis.

**Beispiel 2:** Bei dem Führungskräfte-Event einer Telekom-Tochter ging es um das Thema „Flexibilität". In das Rahmenprogramm waren immer wieder Momente eingebaut, in denen die Teilnehmer Flexibilität zeigen mussten: eine ständig sich verändernde Bestuhlung („Nichts hat man doch lieber als seinen gewohnten Platz"), ein Flexibilitäts-Abendprogramm mit dem Think-Theater, einer Event-Theatergruppe, Outdoor-Übungen zu den jeweiligen Veranstaltungsinhalten bis dahin, dass die Teilnehmer selbst kochen „mussten".

*Die Botschaft der Veranstaltung soll unterstützt und die Veranstaltungsziele sollen durch die Gestaltung eines Rahmenprogramms langfristig verankert werden. Über positive und vor allem körperliche Erlebnisse prägen sich vermittelte Informationen besser ein. Das Rahmenprogramm ist nicht zu verwechseln mit einem Begleitprogramm.*

## 3.2 Kommunikation

Was wäre eine Veranstaltung ohne Raum für Austausch, Gespräche, Small-Talk? Kommunikation ist nicht alles, aber ohne sie ist alles nichts. Hierzu kann man natürlich einfach nur Zeitfenster schaffen oder Sie geben, wie bei einem Tischgespräch, zumindest eine thematische Anregung.

***Gemeinschaft initiieren***

Kommunikation dient nicht nur zur Informationsvermittlung, sondern wird zum Kult erhoben. Für Marken-Events beispielsweise ist nicht der Markenwert, sondern die Markentreue entscheidend. Weil die Differenzierung der Kundenwünsche immer weiter geht, wird Loyalität immer wichtiger. Die Kunden wollen eine Gemeinschaft, die mehr als nur ökonomisch motiviert ist.

Trendforscher prognostizieren zumindest für die eine Hälfte der Bevölkerung, nämlich die Frauen, eine Aufwertung von Sinnlichkeit und Emotionalität anstelle von Coolness. Je mehr wir uns in virtuellen Welten bewegen, desto mehr steigt die Sehnsucht nach sensorischen Erfahrungen.

*Communities*

*Communities* (Usergemeinde, Fan-Club, Gleichgesinnte u. ä.) sind die letzten Reservate für Zugehörigkeit, Identifikation und Versinnlichung. Beispiele dokumentieren den Erfolg von inszenierten *communities*: *Red Bull, Macintosh, Mini* („Is it love?"), *Nike* usw. Diese *community* zu schaffen ist Aufgabe des Rahmenprogramms.

*Kommunikation*

Die einfachste Form, eine Gemeinschaft zu installieren, ist die, Menschen ein gemeinsames Thema zu geben. Noch einfacher gelingt dies, wenn ein gemeinsames „Feindbild" besteht, über das einvernehmlich „gelästert" werden kann. Im Hinblick auf die Bedeutung positiver Erlebnisse für den Erfolg einer Veranstaltung ist dies allerdings weniger sinnvoll.

Innerhalb des Veranstaltungsthemas sind Provokationen, Konflikte und unterschiedliche Standpunkte so einzubauen, dass man anschließend darüber spricht. So initiieren Sie, dass auch in Pausenzeiten am Thema gearbeitet und die Handlung vorangetrieben wird. In der Fortsetzung der Veranstaltung gilt es allerdings, dies auch wieder aufzugreifen.

Im Mittelpunkt steht dabei das, was sich im Alltag nicht ohne Weiteres herstellen lässt: zusammenkommen, Gemeinsamkeit spüren, Ziele verstehen,

Zukunft nicht nur „abnicken“, sondern auch erleben, gemeinsam Erfolge und Fortschritte feiern, Misserfolge verstehen und bearbeiten können, Barrieren überwinden und auch, sich ganz einfach austauschen sowie gemeinsame Anliegen besprechen.

*Kommunikation während einer Veranstaltung dient nicht nur dem Austausch der Teilnehmer untereinander, sondern auch dazu, Gemeinsamkeiten und vor allem gemeinsame Sichtweisen zu initiieren und auf diese Weise das Thema der Veranstaltung voranzutreiben.*

## 3.3 Interaktion

Je beteiligter Menschen an einem Vorgang, je involvierter sie in ein Thema sind, desto intensiver ist ihre Auseinandersetzung damit und desto größer ist auch die angestrebte Handlungs- oder Veränderungsbereitschaft.

Interaktion ist die Wechselwirkung oder gemeinsame Wirkung von zwei oder mehreren Variablen. Das sind in unserem Fall natürlich Menschen. Daher macht es während einer Veranstaltung auch so großen Sinn, den Teilnehmern hierfür geeignete „Bühnen" zur Verfügung zu stellen. Das kann so weit gehen, dass Sie Ihre Teilnehmer tatsächlich auch auf die Bühne holen (zum Beispiel bei Präsentationen oder themenbezogenen Aktionen).

*Handlungsorientierung*

Die Wirksamkeit von Events liegt in der Handlungsorientierung, denn Handlungen werden ähnlich wie Bilder ganzheitlich wahrgenommen und lassen sich dadurch gut erinnern. Die durch die Spannung einer Handlung erzeugte Aktivierung verstärkt diesen Effekt. Anhand einer Geschichte oder einer konkreten Situation wird das Thema anschaulich demonstriert. Und schließlich können Handlungen sehr unterhaltsam sein und positive Gefühle entfalten, mittels derer sich das Thema emotional aufladen lässt.

**Dazu ein Beispiel**: Auf einer Führungskräftetagung wurden fünf Punkte der künftigen Vision präsentiert. Wer hätte das glaubhafter darstellen können, als die Mitarbeiter selbst? So wurde ein „Visionenspiel" kreiert, das eine Gruppe von Mitarbeitern einstudierte und auf einer Bühne im Foyer als Abendprogramm vorspielte.

*Rhythmus*

Ob die Teilnehmer bei Interaktionen mitmachen, ihre Distanz zum Geschehen aufgeben, sich bewegen lassen und in der künstlich erzeugten Realität mitleben, hängt zuallererst davon ab, wie der Ablauf, die räumlich-zeitliche Gestaltung, aufgebaut ist. Alles entscheidend ist der Rhythmus im Wechsel der Vorgänge – nach Intensität, Tempo, Zeitdauer, wechselnden Auftritten der Personen und dadurch regelmäßig wiederkehrender Interaktionsmöglichkeiten.

### *Limbische Instruktionen*

Anhand neuester Erkenntnisse aus der Gehirnforschung deckt der Psychologe Hans-Georg Häusel auf, dass Menschen vom emotionalen limbischen System, dem so genannten Reptiliengehirn, gelenkt werden. Von diesem Teil des Gehirns gehen „limbische Befehle" aus. Man unterscheidet dabei drei Arten von Instruktionen:

- Balance-Instruktionen (das Erreichte sichern, den Status quo erhalten),
- Stimulanz-Instruktionen (Suche nach neuen Reizen),
- Dominanz-Instruktionen (andere verdrängen und beherrschen).

Der Drang zu Balance, Stimulanz, Dominanz ist unterschiedlich ausgeprägt. Mit der Geburt hat jeder Mensch sein individuelles limbisches Profil mitbekommen.

Welche Bedeutung ergibt sich nun aus der Tatsache, dass wir alle von einem emotionalen „Autopiloten" gesteuert werden? Der Mensch strebt nach der Erfüllung seiner limbischen Instruktionen. Und wenn von außen Anreize gesetzt werden, die dieser limbischen Zielsetzung Rechnung tragen, dann werden sie, aller

Vernunft zum Trotz, auf große Resonanz stoßen. Besonders beim Rahmenprogramm, das ja die „Bühne der Teilnehmer“ darstellt, können Sie diese Tatsache praktisch nutzen:

- Durch eine gute Orientierung und Übersicht, gewohnte Abläufe und Rituale vermitteln Sie ein Gefühl von Sicherheit (Balance-Instruktionen).
- Durch kleine Aufmerksamkeiten befriedigen Sie Stimulanz-Instruktionen.
- Um Dominanz-Instruktionen zu entsprechen, kreieren Sie (beispielsweise durch Wettbewerbe) Sieger.

*Hierzu einige Umsetzungsbeispiele:*
Sicher haben Sie schon einmal beobachtet, wie sich ein Saal füllt: Zuerst werden die Stühle in den hinteren Reihen besetzt, danach jene entlang der Gänge. Dieses im limbischen System verankerte „Höhlenbesetzungs“-Verhalten (Georg Häusel) entspricht einem tief verwurzelten Schutzbedürfnis gegenüber Raubtieren und anderen Feinden. Ganz offensichtlich der Einfluss der limbischen Balance-/Sicherheitsinstruktion. Nehmen wir einige weitere Beobachtungen: Die meisten Menschen ziehen ein volles Restaurant einem leeren vor; Fernsehsendungen mit dem eingespielten Gelächter eines Publikums werden meist als lustiger empfunden; viele Menschen gaffen bei einem Autounfall, aber keiner hilft. Warum? Die Erklärung: Um kognitive Unsicherheit zu vermeiden, orientieren sich die Menschen unbewusst am Verhalten der anderen. Für Ihr Rahmenprogramm zur Unterstützung des Veranstaltungsthemas bedeutet dies: Initiieren Sie ein Verhalten bei

Schlüsselpersonen oder Gruppen, an welchem sich die anderen Teilnehmer automatisch orientieren werden.

Was macht den Erfolg von Action-Filmen aus? Jeder identifiziert sich gerne mit machtvollen Helden. Der Sieger gilt als Idol, fast unabhängig von Moralvorstellungen. Das liegt an der Dominanz-Instruktion. Und da jede Veranstaltung auch eine Bühne für die Teilnehmer ist, wird diese von den Teilnehmern selbstverständlich dazu genutzt, sich selbst darzustellen. Besonders innerhalb des Rahmenprogramms ist es ein Leichtes, solche Bühnen einzurichten – in Form von kurzen Ansprachen, Präsentationen, Grußworten usw.

Der wesentliche Punkt, warum Veranstaltungsmanager sich oftmals sehr mit Rahmenprogrammen, *location* und Catering beschäftigen, liegt an der Stimulanz-Instruktion. Es soll allerdings auch vorkommen, dass eben diese durch Reiz- und Risiko-Lust so überstrapaziert wird, dass niemand mehr einen Zusammenhang mit dem Thema oder den Inhalten herstellen kann. Dies gilt im Besonderen für Messen. Aufgabe des Rahmenprogramms ist es hier, eine aktive Reizsuche der Teilnehmer zu unterstützen. Das macht dann den Unterschied zwischen darbietender Unterhaltung und spannender Beteiligung aus.

***Machen Sie die Teilnehmer durch Interaktion zu Beteiligten. Je größer die Beteiligung ist, desto größer ist auch die angestrebte Handlungs- oder Veränderungsbereitschaft.***

# 4. Drehbuch

Das Drehbuch ist die Geschichte des Veranstaltungsablaufs, die in Bildern, Dialogen und Beschreibungen innerhalb einer dramatischen Struktur erzählt wird. Sie wird in linearen (wobei es auch eine so genannte non-lineare Dramaturgie gibt), aufeinander aufbauenden Szenen erzählt, die auf ein bestimmtes Ende zusteuern.

## 4.1 Dramaturgie

Unter Dramaturgie versteht man die Verteilung von Höhepunkten; sie ist ein Spiel mit Spannung und Entspannung. Ziel dieses Kapitels ist es darzustellen, welche dramaturgischen Elemente in eine Veranstaltung eingebaut werden können, um ein Event zu einem Erlebnis zu machen und dem Besucher eine Botschaft zu vermitteln. Dabei handelt es sich nicht um einen Leitfaden für das Gesamtkonzept einer Veranstaltung, sondern lediglich um Anregungen und Anhaltspunkte.

Um zu gelingen muss ein Event nicht nur Akteure und Effekte haben, sondern auch eine Handlung und Entwicklung aufweisen. Auch Events benötigen eine Dramaturgie und Inszenierung! Es gilt, für die Idee eine Form zu finden, die sich an äußeren Momenten festmachen lässt, wie zum Beispiel an der Einteilung in Akte oder Szenen. Dies hilft Spannung zu verteilen, Botschaften unterzubringen, Aufmerksamkeit und Emotionen zu steuern. Dramaturgie heißt aber auch, Handlungsstränge zu schaffen und Entwicklungen auszuarbeiten.

*Was wir von der Kirche lernen können*
Liturgische Handlungen sind sehr nah mit dem Drama verwandt, Liturgie und Theater sind auch historisch eng miteinander verbunden. Als Gemeinsamkeit weisen die liturgische Handlung und die Handlung eines Dramas – bei allen vorhandenen Unterschieden – eine dynamische Struktur auf, die einem Spannungsbogen vergleichbar ist und bei der man in der Regel folgende fünf Phasen feststellen kann:

- vorbereitende oder Anfangsphase
- Aufbauphase
- zentrale Teilhandlung
- Entspannungsphase
- Schlussphase

*Brainscripts*
Jeder Mensch trägt bestimmte Drehbücher im Kopf. Diese *brainscripts* sind im Laufe des Lebens erfahrene und erlernte Muster, die einem unbewusst mitteilen, dass bestimmte Vorgänge nach einem ganz bestimmten Schema ablaufen. An diese im Kopf existierenden Drehbücher Ihrer Teilnehmer knüpfen Sie als Event-Manager bei einer Veranstaltung an.

Die *brainscripts* ermöglichen es, dass der Mensch auf der Grundlage von Handlungsmustern beziehungslos zueinander stehende Informationen gedanklich zu einer sinnvollen Handlung konstruieren kann. Er versteht, was bei einer Geschichte „eigentlich gespielt“ wird und verschafft sich eine plastische, erlebnishafte Vorstellung von einer Situation.

*Emotionaler Faktor von brainscripts:*

- Gefühl des Zuschauers, „in der Geschichte" zu sein und nicht außen vor.
- „Man versteht, was da gespielt wird".
- Bedürfnis nach verständlichen *brainscripts*, also selbst erlebten Geschichten, in denen sich der Teilnehmer wiederfindet.

**Beispiel:** Ein Vortrag über Kosteneinsparungen hatte den Titel „Schatzsuche". Tenor war die Geschichte von einer Schatzsuche und dass unter jedem Stuhl (Arbeitsplatz) ein Schatz verborgen sei. Dies ist ein *brainscript*, das alle besitzen, sei es von Karl May, Seeräubergeschichten o. ä.

Der Teilnehmer versteht die Botschaft, fühlt sich eingeweiht und involviert, was eine zuverlässige Form der Aktivierung darstellt.

*Inferential Beliefs*

*Inferential beliefs* sind gefolgerte Meinungen. Durch diese Methode fühlen sich die Teilnehmer mit ihnen in Wirklichkeit fremden Personen oder Objekten vertraut. Durch Rückschlüsse wird über die wahrgenommenen Eigenschaften von Personen und Objekten auf deren verborgene Eigenschaften geschlossen. Dabei ist jedoch nicht gesagt, dass die gefolgerten Eigenschaften auch wirklich der Realität entsprechen.

Genutzt werden kann dieser Mechanismus, um aus einem diffusen Eigenschaftsbündel ein bestimmtes

Image zu bilden. So kann der Dramaturg eine Vertrautheit mit dem Besucher schaffen, indem er eine markante Eigenschaft, mit der angenehme Assoziationen verbunden werden, auf einer Veranstaltung deutlich herausstellt.

**Beispiel:** Der Auftritt eines Experten zu einem bestimmten Thema. Gefolgerte Meinung/Annahme: „Der muss es ja wissen." Übrigens arbeitet unsere Bundesregierung ebenfalls mit dieser Methode, indem sie „Expertenkommissionen" einsetzt, die eine höhere Glaubwürdigkeit besitzen.

*Cognitive Maps*

*Cognitive maps* sind so genannte kognitive Landkarten. Eine Veranstaltung sollte so aufgebaut sein, dass sich die Teilnehmer, obwohl sie den Veranstaltungsort nicht kennen, heimisch fühlen. Durch bestimmte Merkmale werden Assoziationen geweckt, die es zulassen, dass sich die Besucher automatisch zurechtfinden.

**Beispiel:** Wenn Sie auf einer Party eingeladen sind, werden Sie automatisch das Vertraute suchen, wie zum Beispiel bekannte Gesichter oder Ähnlichkeiten zu Ihrer gewohnten Umgebung („Schau, die Lampe haben wir auch"), und eher den Wein trinken, den Sie schon kennen.

*Antizipation*

Spannung dient hier als Stilmittel, da Anspannung auch als positiv empfunden werden kann. Bedingung ist, dass die Entspannung absehbar ist (antizipiert wird) und die

Spannung dem eigenen Vergnügen dient. Erzeugt wird Spannung, wenn ein *brainscript* aufgerufen wird, der Zuschauer eine bestimmte Handlung erwartet und diese verzögert wird.

Jedoch sollten Sie mit dieser künstlich erzeugten Spannung vorsichtig umgehen: Wird die Entspannung zu lange hinausgezögert, besteht die Gefahr, dass die Zuschauer das Interesse verlieren. Aus dieser Mischung aus Spannung und Entspannung wird ein emotionales Erlebnis erzeugt.

**Beispiel:** Auf einer Veranstaltung kann ein so genannter *teaser* eingesetzt werden, der kurz darauf Passierendes ankündigt und vielleicht auch schon eine Kostprobe davon gibt. Durch die Verzögerung zwischen Ankündigung und eigentlicher Vorstellung wird ein Spannungszustand beim Zuschauer erzeugt.

Die *tension* (Stauchung) spannt den Bogen der Handlung durch dosiertes Verlangsamen. Auch wenn die Auflösung oder eine Erklärung des Themas zum „Greifen nahe“ ist, wird sie durch den Einschub einer kurzen Handlung hinausgezögert.

### *Cliffhanger*

*Cliffhanger* ist die Kunst der Unterbrechung. Ein Programm wird an einer sehr spannenden Stelle unterbrochen, beispielsweise vor dem Buffet. Der Zuschauer ist gespannt und möchte den Ausgang der Handlung kennen lernen, um sein Bedürfnis nach Spannungslösung zu befriedigen.

### *Sentence Frames*

*Sentence frames* sind Leitsysteme. Diese Leitsysteme sind das Skelett, das der Veranstaltung die innere Stabilität gibt. Es muss deutlich gemacht werden, wo sich Anfang und Ende befinden. Die Menschen möchten die Strukturen erkennen, die sie umgeben. Das Leitsystem nimmt den Besucher einer Veranstaltung an die Hand und vermittelt ihm ein Gefühl von Sicherheit.

### *Media Literacy*

*Media literacy* meint, sich geschickt anzustellen. Dahinter stehen „Wenn-Dann-Regeln". Das „Wenn" sind formale Voraussetzungen, das „Dann" inhaltliche Konsequenzen.

Der Sinn ist der, dass dem Teilnehmer der Glauben vermittelt wird, er sei besonders geschickt, da er die logische Folge einer Handlung erkennt. Der Unterhaltungsfaktor wird also deutlich erhöht, weil der Teilnehmer vermeintlich dazu angeregt wird, mitzudenken. Da er die (einfachen) Regeln beherrscht und er diese leichte Herausforderung besteht, fühlt er sich bestätigt.

**Beispiel:** Jede Band benutzt dieses Prinzip, wenn sie das Publikum dazu auffordert, den Refrain mitzusingen.

### *Der verbotene Ort*

Beim „verbotenen Ort" handelt es sich um einen weiteren dramaturgischen Kunstgriff, den der Dramaturg Dr. Christian Mikunda 1995 geprägt hat. Durch Verzögerung sollen Orte emotional aufgeladen und spannend gemacht werden.

**Beispiel:** Inszenierung eines Messestands von *Hewlett Packard*. Vor Beginn der Messe wurden an die Kunden elektronische Eintrittskarten und ein Gebäudeplan verschickt. Mit Hilfe der Karte konnte der Besucher die Halle betreten, wurde identifiziert, namentlich begrüßt und einem persönlichen Betreuer zugewiesen. Der Besucher hatte die Möglichkeit, immer weiter in den Stand vorzudringen, sehr privilegierte Gäste konnten bis ins „Allerheiligste" gelangen, einer VIP-Lounge. Jeder Besucher jedoch hatte das Gefühl, etwas ganz Besonderes zu sein, da er nach und nach den Stand eroberte. Aber auch Messebesucher ohne die elektronische Eintrittskarte wurden nicht abgewiesen, sondern in das System integriert, so dass auch sie sich involviert fühlten.

Prinzip hierbei ist, dass alles, was man nicht ohne Weiteres erreichen kann, wo eine zeitliche Verzögerung (Antizipation) auftritt oder eine gewisse Anstrengung nötig ist um weiterzukommen, unweigerlich im Wert steigt. Der Besucher einer solchen Veranstaltung hat vielleicht eine gewisse Vorstellung davon, wie der Veranstaltungsort aussehen wird, der Zugang wird aber erschwert.

Verstärkt wird dieses Phänomen, wenn der Besucher schon beim Betreten der Veranstaltung ahnt, dass es einen „heiligen Ort" gibt, an den man nur vordringen darf, wenn man ein ganz besonderer Gast ist. Erreicht er schließlich diesen Ort, hat er es also geschafft, einen „verbotenen Ort" zu erobern, fühlt er sich ein wenig als

Auserwählter. Mit dieser Methode wird Exklusivität erzeugt.

*Die sieben Regeln der Event-Dramaturgie: Teilnehmer dazu bringen, 1. sich auf Geschichten einen Reim zu machen, 2. im Raum und 3. in der Zeit zu navigieren, 4. Spannung aufzubauen und wieder zu lösen, 5. sich ein Image-Bild von etwas zu machen, 6. die „Regeln des Spiels" zu erkunden, 7. Rhythmen und Gezeiten zu erspüren.*

## 4.2 Spannungsbogen

Die Grundzüge des Spannungsbogens kennen wir aus der Poetik des Aristoteles in Form von drei Akten. Diese untergliedern sich in sieben Phasen, so dass eine Spannungskurve entsteht:

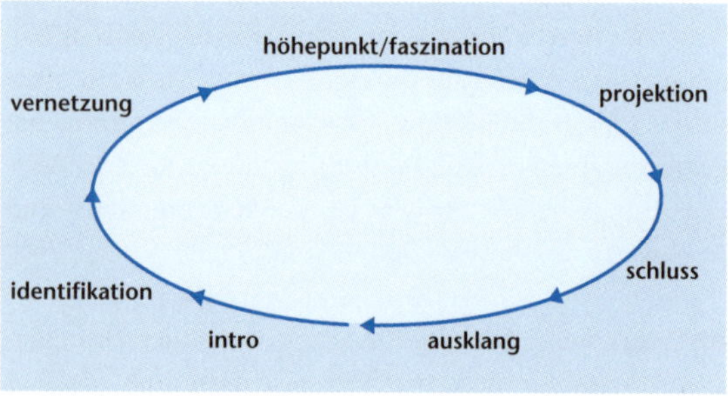


*Der erste Akt*

Im ersten Akt werden die grundlegenden Informationen über die Personen, die *location* und den Kern der

Geschichte bzw. des Themas vermittelt. Zwei Phasen, das *setup*, führen hin zum Veranstaltungsthema, müssen die Teilnehmer fesseln und geben ihnen einen Überblick und Ausblick:

- Der **Auftakt** (Intro/Opening) lässt den Zuschauer ankommen, gibt Orientierung und lässt ihn erahnen, worum es geht, bevor die eigentliche Handlung beginnt.
- Die **Exposition** (Identifikation) erläutert die Ausgangslage. Sie stellt das Thema vor, die beteiligten Personen und ihre Beziehungen untereinander, den Schauplatz und Zeitpunkt der Handlung. In dieser Phase geht es darum, verschiedene Blickwinkel zum Thema aufzubauen, insbesondere jene Standpunkte, von denen aus die Teilnehmer das Thema betrachten können und wollen.

Werden in diesen beiden Phasen Spannung und Interesse am Thema geweckt und der Blickwinkel der Teilnehmer eingenommen, so verspricht sich dieser auch viel vom weiteren Verlauf. Hierbei besitzt die Anfangsszene die gleiche Bedeutung wie die erste Zeile eines journalistischen Artikels – sie muss den Leser neugierig machen.

Im *setup* wird alles eingeführt, was im Verlauf der Veranstaltung und während der Behandlung des Themas passieren wird. Die wichtigsten Punkte sind das Umfeld oder Hintergrund, das Ziel, die Beteiligten, die Gegenspieler, die Probleme und die Motivation sowie das Genre.

**Beispiel:** Ob bei Führungs- oder Vertriebstagungen, Mitarbeiter- oder Kunden-Events: Meist geht es um Verhaltensänderungen. Hier wird im ersten Akt aufgezeigt, in welche Richtung eine Verhaltensänderung geht und welchen Sinn oder welche Notwendigkeit sie hat.

*Der zweite Akt*

Im zweiten Akt entwickelt sich das Thema in drei Phasen zu seinem Höhepunkt:

- In der **Vernetzungsphase** erfährt der Teilnehmer, was das Thema mit ihm zu tun hat, welche Verknüpfungen zu ihm bestehen und dass er dies aus anderen Situationen durchaus schon kennt. Es löst bei ihm ein *brainscript*, also ein Drehbuch im Kopf aus, mit dem er dem Thema begegnet oder begegnen soll. Im Beispiel könnten dies vergleichbare Situationen sein, in denen die Teilnehmer ihr Verhalten mit guten Erfahrungen bereits verändert haben. Oder Analogien, die ähnliche *brainscripts* abrufen, den Teilnehmer also in seiner Welt erreichen. Durch die aktive Beteiligung der Teilnehmer – das können Workshops, Outdoor-Übungen oder auch Podiumsdiskussionen sein – werden sie in das Thema eingebunden.
- Im **Höhepunkt** (Faszination) erkennt der Teilnehmer die Bedeutung des Themas für sich selbst, ist fasziniert von den möglichen positiven Auswirkungen auf sein Handeln und stimmt innerlich zu („Das hört sich gut an"; „Das sind super Ideen"). Dieser Wendepunkt *(central point)* markiert dramaturgisch die zentrale Stelle einer Veranstaltung, bei der sich der

Teilnehmer entscheidet, neue Wege im Sinne des gesetzten (Veränderungs-)Ziels zu gehen. Ab hier ist er ein „anderer". Unprofessionelle Events enden an diesem Punkt, meist mit dem Tenor: „Und jetzt erwarten wir, dass Sie diese Dinge praktisch umsetzen". Schade eigentlich, denn die zweitwichtigste Phase kommt jetzt:

- In der Phase der **Projektion** übertragen die Teilnehmer die als sinnvoll gesehene Erkenntnis (der Veränderung, des Produkts ...) auf ihre Situation. Inhaltlich nutzen sie jetzt Handlungsempfehlungen und Umsetzungsunterstützungen, wie sie sich die faszinierenden Ideen zu Nutze machen können. Durch die Verknüpfung mit ihrem Denken und Handeln beginnen sie, die Inhalte für sich zu adaptieren. Damit dies gelingt, wurden in allen vorherigen Phasen Fenster oder Rahmen geöffnet, die die Teilnehmer für sich nun codieren, schließen und abspeichern.

**Beispiel:** Für die vorgenannte Verhaltensänderung bedeutet dies im zweiten Akt: Durch die Auseinandersetzung mit dem Thema, beispielsweise in Gruppenarbeit, identifizieren sich die Teilnehmer damit, begeistern sich für Ideen und entscheiden sich (nur dadurch!) für bestimmte Handlungskonzepte.

*Der dritte Akt*

Der dritte Akt sollte der ganzen Geschichte einen Sinn geben. Er enthält eine Auflösung, die dem Teilnehmer Mut macht und ihn motiviert, die für sich getroffene

Entscheidung (im Beispiel die einer Verhaltensänderung) tatsächlich umzusetzen. Dies geschieht in zwei Phasen:

- Im Schluss wird ein Schlussstrich gezogen und das Thema abgeschlossen. Das *brainscript* erfüllt sich. Die zu vermittelnde Botschaft ist beim Rezipienten angekommen, verstanden worden und wird ihm nochmals vor Augen geführt.
- Im Ausklang soll der Zuschauer noch einmal zum Nachdenken angeregt werden. Der Kreis zu Intro/Opening wird geschlossen, gemachte Erlebnisse werden noch einmal verstärkt, so dass sie „mitgenommen" werden.

*Der Zuschauer soll durch die Spannungskurve nach Aristoteles einen ganzen Prozess durchleben, um ihm nach und nach eine Botschaft zu übermitteln.*

*Nur durch Einhaltung der verschiedenen Schritte und der damit zusammenhängenden Emotionalisierung wird die Botschaft dem Zuschauer schlüssig gemacht und kann dadurch von ihm als wahr angenommen werden.*

## 4.3 Inszenierung

Die Struktur des Spannungsbogens lässt den Teilnehmer im Schrittmaß des Veranstaltungsablaufs mitschreiten. Nun geht es darum, für diese Phasen die richtige Inszenierung zu finden.

*Inszenierungsmethoden*

Um die einzelnen *sets* innerhalb des Spannungsbogens zu inszenieren, gibt es verschiedene Methoden. Diese können Sie bei eher „trockenen" Szenen (Vorträge, Ansagen usw.) besonders gut einsetzen:

- **Assoziation/Dissoziation:** Insbesondere bei einer persönlichen Ansprache der Teilnehmer können Sie diese verbal schon zu Betroffenen (Assoziation) oder Zuschauern (Dissoziation) einer Situation oder eines Themas machen.
- **Bluffen und Täuschen:** Ein Sachverhalt wird absichtlich falsch dargestellt, um die Teilnehmer zum Widerspruch anzuregen und auf diese Weise Wissen zu festigen.
- **Fokussierung:** Gerade Vortragsparts neigen dazu, ein Thema sehr breit anzulegen. Durch geschickt gesetzte Spots wird jedoch die Konzentration (Fokussierung) auf bestimmte Aspekte gelenkt. Diese setzen sich anschließend zu einem Gesamtbild zusammen. Das erreichen Sie beispielsweise durch ein Einspielen von Spots o. ä. in Ihren Vortrag.
- **Identifikation:** Bei der Identifikation geht es darum, den Teilnehmer in seiner Welt, seinen Vorstellungen und seinem Umfeld abzuholen und sich selbst dort zu positionieren. Das bewirken Sie insbesondere durch die *brainscripts* (siehe Seite 40) und dadurch, dass Sie die Teilnehmer zunächst mit Bekanntem konfrontieren
- **Katalysierung/Hypothesen:** „Stellen Sie sich einmal vor ..." Durch Hypothesen werden die Gedanken „angefeuert" (katalysiert).

- **Polarisierung:** Besonders Podiumsdiskussionen oder Workshops eignen sich dafür, ein besseres Verständnis des Themas durch unterschiedliche Betrachtungsweisen zu gewinnen.
- **Provokation:** Beispielsweise Vertriebsziele lassen sich so darstellen: Ein provokativ höheres und ein realistisches Vertriebsziel werden dargestellt. Im Ergebnis werden die Mitarbeiter immer das provokante Ziel anstreben („Das wäre doch gelacht ...")
- **Rollenspiele:** Wenn die Teilnehmer Ergebnisse von Workshops u. ä. selbst präsentieren, erhöht dies die Authentizität und damit die Glaubwürdigkeit. Zu dieser Methode gehören auch Testimonials (siehe Glossar), z. B. von positiven Kundenaussagen.
- **Symbolisierung:** *Visuals* und Gegenständliches, auch virtuelle Objekte, intensivieren die Inszenierung erheblich, besonders durch jene mit symbolischem Charakter.
- **Überspitzung:** Überspitzung oder Übertreibung kann in positiver Richtung die Inszenierung unterstützen. Meist wird sie jedoch negativ genutzt und verfehlt damit ihre motivationale Wirkung.
- **Verfremdung:** Eigenschaften eines Produkts oder einer Dienstleistung werden als Analogie in einem gänzlich anderen Rahmen dargestellt und erklärt.
- **Verrätsel**: Eine Denksportaufgabe, ein Ratekrimi oder eine Metapher mit einer errechenbaren Lösung wird erzählt.
- **Widerspruch konstruieren:** Besonders bei der Darstellung von Argumenten werden diese durch Gegenargumente erst wirklich nachvollziehbar und glaubhaft.

**Inszenierungsregeln**

**1. Richtig thematisieren:** Das Thema soll die *key-message* der Veranstaltung mit authentischen und einzigartigen Elementen unterstützen. Fokussieren Sie, denn wer alles anbietet, bietet allen nichts.

**2. Eine Geschichte erzählen von Anfang an:** Ein Erlebnisdrehbuch hilft, sich eine genaue Vorstellung über die Erlebnisinhalte und den Erlebnisverlauf zu machen.

**3. Erlebniszonen festlegen:** Die Veranstaltung in unterschiedliche Erlebniszonen gliedern und einen klaren Höhepunkt setzen. Das Gesamterlebnis des Events setzt sich aus verschiedenen Erlebnisbausteinen zusammen, die zueinander in inhaltlicher Verbindung stehen.

**4. Spannungsbogen aufbauen:** Es gilt im Kopf der Teilnehmer ein *brainscript* zu starten, sie auf den Höhepunkt neugierig zu machen und vorzubereiten, ein bewusstes Erleben des Höhepunkts zu inszenieren, um danach durch eine Aktion die aufgebaute Spannung wieder abzubauen.

**5. Orientierung in Raum und Zeit geben:** Ein Leitsystem mit Symbolen, Zeichen und wieder erkennbaren Gestaltungselementen installieren. Wahrzeichen und Wiedererkennung bilden in Verbindung mit den Erlebnispunkten die Grundlage von Orientierung und Sicherheit.

**6. Grundbedürfnisse berücksichtigen:** Bei aller Inszenierung geht es vornehmlich um Kommunikation. Und hierzu zählt im Besonderen der Austausch der Teilnehmer untereinander. Geben Sie diesem deshalb genügend Raum.

**7. Überinszenierung vermeiden:** Alle Inszenierungsmaßnahmen haben die Aufgabe, das Authentische und Einzigartige der Veranstaltung herauszuarbeiten und nicht durch zusätzliche Inhalte und Erlebnisse vom Hauptthema abzulenken.

**8. Erlebnis-Merchandising:** Das Erlebnis „mitnehmen lassen" und ein neues Erlebnis starten. Das ist wie mit Mitbringseln aus den Ferien als Erinnerung an das Erlebte. Gleichzeitig Informationen für weiterführende Erlebnisse nach dem Event geben.

**9. Handouts:** Ein animatives und visualisiertes Handout gestalten.

**10. Gute Veranstaltungen** stillen die natürliche Neugierde, vermitteln Spaß, Freude und ein umfassendes Erlebnis, liefern nützliche Erkenntnisse und bieten Handlungs- oder Veränderungsideen.

*Emotionen steuern*

Emotionen sind Gefühle, wie zum Beispiel Angst, Glück, Eifersucht, Neid oder Sympathie. Angeborene Emotionen sind Furcht, Abscheu, Wut, Schmerz, Überraschung, Freude und Interesse. Affekte und Stimmungen gelten als besondere Formen emotionaler Erlebnisse.

Menschen reagieren auf emotionale Reize weitgehend automatisch und relativ einheitlich. Diese emotionalen Reaktionen laufen oft spontan und ohne kognitive Steuerung ab. Ihre Anwendung veranlasst uns zu spontanen und unkontrollierten Erregungen und emotionalen Reaktionen.

Um Emotionen zu steuern, braucht es im Wesentlichen drei Dinge:

- **Erregung:** Aktivierung, Intensität.
- **Richtung:** Angenehme oder unangenehme Gefühle. Oft wird dieser Punkt falsch angewandt, wenn nämlich Negativszenarien aufgebaut werden.
- **Qualität:** Subjektive Erlebnisinhalte, das heißt Wahrnehmung der eigenen emotionalen Erregung. Je nach Intensität der aktivierten Emotionen brauchen die Teilnehmer auch ausreichend Zeit, diese wahrzunehmen und zu verarbeiten. Ein durch den Redner abgebrochener Applaus ist ein emotionaler Coitus Interruptus!

***Mit verschiedenen Methoden inszenieren Sie die einzelnen sets des Spannungsbogens: Assoziation/Dissoziation, Bluff und Täuschung, Fokussierung, Identifikation, Katalysierung, Polarisierung, Provokation, Rollenspiele, Symbolisierung, Überspitzung, Verfremdung, Verrätsel und Widerspruch. Emotionen steuern Sie durch Aktivierung der Erregung, die Richtung und Qualität der wahrgenommenen Gefühle.***

# 5. Generalprobe

Allein an den vielen Details in Ihrem Drehbuch erahnen Sie schon den Umfang der Generalprobe. Diese soll Ihnen und den beteiligten Personen Sicherheit im Ablauf der einzelnen *sets* geben. Aber auch die Generalprobe gehört genauestens geplant und inhaltlich vorbereitet.

## 5.1 Stell- und Ablaufprobe

Mit der Stellprobe übernimmt der Regisseur das Zepter. Er weist seinen Akteuren die Auf- und Abgänge zur bzw. von der Bühne sowie ihre Positionen auf der Bühne während der Dialoge zu. Dabei wird bereits mit Funkmikros geprobt und die Dialoge werden schon gesprochen, wenn auch noch aus dem Textbuch abgelesen.

***Jeder sollte wissen, wo er steht***

... und nicht nur wissen, sondern auch erleben. Das schützt Sie vor unliebsamen Überraschungen während der Veranstaltung.

Während der Stell- und Ablaufprobe gehen Sie den gesamten Ablauf in einem Fluss durch:

- Auftritt der Referenten und Standort
- Auftritt des Moderators und Standort
- Auftritt von Gästen und Standort
- Aufbau von Podiumsdiskussionen
- Getränkeservice für den Rednerpult

Für jedes einzelne *set* markieren Sie mit dem Lichttechniker die Positionen, anhand derer dieser dann die Beleuchtung programmieren kann.

*Von wo nach wo*

Neben dem eigentlichen Standpunkt sind die Zeiten und Wege für die Akteure wichtig. Denn nichts ist unangenehmer, als sich beim Auftritt auf die Bühne zu verlaufen, zu stolpern oder sonst eine unschöne Figur zu machen. Gehen Sie mit Ihren Akteuren alle Wege durch, auch zeitlich. Es gibt ihnen bei ihrem Auftritt Sicherheit.

Hierbei ist der wesentliche Punkt, nicht nur den Weg „zu lernen“, sondern sich vielmehr virtuell in der Live-Situation zu befinden. Das baut schon im Vorfeld Stress ab. Also, nicht nur Wege zeigen, sondern sie erkunden lassen.

*Mit der Stellprobe übernimmt der Regisseur das Zepter. Er weist seinen Akteuren die Auf- und Abgänge zur bzw. von der Bühne sowie ihre Positionen auf der Bühne während der Dialoge zu.*

## 5.2 Bühnenprobe

Neben der Ablauf- und Stellprobe geht es bei der Bühnenprobe um das Geschehen innerhalb der Dialoge oder *acts* auf der Bühne und darum, wie Sie diese erfolgreich proben können.

*Die Bühne – ungewohntes Terrain*
Nicht jeder Akteur ist es gewohnt, auf einer Bühne zu stehen; aber auch Profis sind nur deshalb professionell, weil sie ihre Prozesse, Ablaufschritte, Positionen und Dialoge kennen. Spielen Sie mit jedem einzelnen Akteur seinen Part durch. Unterstützen Sie ihn weniger inhaltlich, als in erster Linie im Hinblick auf seine Wirkung.

**Beispiel:** Die Moderatorin einer Veranstaltung schaute, durchaus positiv, immer ins Publikum. Sie konnte natürlich nicht wissen, dass sie dabei im projizierten Bild scheinbar immer nach unten blickte.

Einige Punkte, die zur Bühnenprobe gehören:

- Wirkung in der Kameraübertragung
- Stichworte oder Zeichen für den Auftritt
- Reihenfolge der Dialoge
- Aussprache, Sprechtempo, Wortbilder
- Absprache der Einspielungen

Bei der Bühnenprobe steuern Sie das Geschehen innerhalb der Dialoge, das Zusammenspiel aller *acts* auf der Bühne und inszenieren Sie die Übergänge aller Szenen.

## 5.3 Briefing

Als Regisseur einer Veranstaltung sind Sie mitunter Flohdompteur. Je mehr Sie mit den Flöhen arbeiten, desto reibungsloser werden Zusammenspiel und Ablauf klappen.

*Backstage (Abläufe)*
Auch wenn alle ihre Aufgabenbereiche kennen, ist es durchaus sinnvoll, die Beteiligten vor Veranstaltungsbeginn noch einmal zu versammeln, um die Jobs miteinander zu vernetzen. Diese können sein:

- Organisation (Tagungsbüro, Empfang)
- Medien (Präsentationen, *screening*)
- Bau (Dekoration, Bühnenbau, Mobiliar)
- Licht
- Ton
- Rahmenprogramm (Catering, Services)

Bei dem Treffen werden die letzten Einzelheiten geklärt. Viel wichtiger ist jedoch Ihre Aufgabe, das Team von seiner Bedeutung für den reibungslosen Ablauf der Veranstaltung zu überzeugen. Alle sollten sich mit den Veranstaltungszielen soweit identifizieren, dass sie sich für den Erfolg der Veranstaltung persönlich verantwortlich fühlen. Jeder sollte also nicht nur auf sein eigenes Aufgabengebiet fixiert sein, sondern mit offenen Augen durch die Veranstaltung gehen und sich bei Bedarf gegenseitig unterstützen. Das bedeutet immer auch zu wissen, wie und wozu ein anderer die eigene (Vor-)Arbeit benötigt.

*Je besser Sie alle Beteiligten in deren Zusammenspiel und Vernetzung briefen, desto reibungsloser klappt der Ablauf.*

## 5.4 Technik-Check

Als Profi überlassen Sie nichts dem Zufall: Checken Sie die Technik (Licht, Ton, Beamer, Rechner) mit den Verantwortlichen. Viele Probleme lassen sich schon im Vorfeld klären:

- Wie können die Lichtverhältnisse reguliert werden?
- Wer benötigt ein Mikrofon?
- Welche Störungen könnten auftreten (Nachbarveranstaltungen)?
- Wer ist für den technischen Support vor Ort verantwortlich? Hat er/sie Ahnung?
- Sind die Präsentationen eingespielt?
- Gibt es eine USV (netzunabhängige Stromversorgung), wenn die Stromversorgung zusammenbricht?
- Lassen Sie sich alle notwendigen Funktionen zeigen.

***Wer gründlicher voraussieht, hat seltener das Nachsehen:***
***Versammeln Sie vor Veranstaltungsbeginn noch einmal alle Beteiligten, um die Jobs miteinander zu vernetzen. Checken Sie mit den Verantwortlichen die technische Installation und alle Funktionen schon im Vorfeld der Veranstaltung.***

# 6. Regie

Der Aufgabenbereich der Regie umfasst die Einrichtung, Einstudierung und künstlerische Leitung einer Inszenierung. Aus dem vormaligen Drehbuch wird das Regiebuch, ergänzt um alle notwendigen Anweisungen.

## 6.1 Regisseur

Zunächst sind Sie eine Person unter vielen Beteiligten. Allerdings bedingt Ihre Aufgabe, dass Sie während der Veranstaltung das Zepter in der Hand halten. Damit Sie es auch behalten, sind erfahrungsgemäß zwei Dinge notwendig:

1. Verschaffen Sie sich schon in der Drehbuchphase die Autorität, mit der Sie letztendlich das Sagen haben. Dies bedeutet kein Diktat!
2. Sie sind derjenige, der alle Details des Ablaufs nicht nur im Regiebuch, sondern auch in Kopf und Bauch haben muss. Deshalb können Sie bei Problemen schnell Entscheidungen treffen. Tun Sie das auch!

*Immer einen Takt voraus*

Wenn Sie einen Dirigenten in einem Konzert beobachten, und der sind Sie als Regisseur Ihrer Veranstaltung, können Sie erkennen, dass seine Anweisungen immer einen Takt voraus sind.

Für Sie als Regisseur heißt das: Sobald eine Anweisung ausgesprochen ist, sofort an den nächsten Schritt denken; niemals zurück, immer nach vorne schauen; nie kontrollieren, ob die Aktion läuft, sondern stets mit der nächsten Aktion verknüpfen. Natürlich kann es auch Störungen geben, aber verlassen Sie sich darauf: Das regelt Ihr Team.

*Überblick behalten*
Die Kunst, den Überblick zu behalten, besteht aus zwei Punkten:

1. Ständige Information, was im Foyer, im Plenum auf und hinter der Bühne passiert. Dies bewerkstelligen Sie am besten über ein Intercom (Sprechfunkgerät) und/oder die Regieassistenz. Dabei geht es nicht darum irgendwo einzuschreiten, sondern im Vorfeld zu merken, wann Dinge den geplanten Handlungsablauf beeinflussen.
2. Halten Sie sich aus dem operativen Geschäft der einzelnen Gewerke heraus. Schließlich übernimmt der Dirigent auch nicht das Instrument, wenn es mal falsch spielt.

*Koordinieren statt diktieren*
Die vorgenannten Punkte bedeuten natürlich, dass alle Beteiligten nicht nur ihren Job gut machen, sondern auch wissen, was rechts und links passiert, das heißt mit welchen Aktionen die eigene Aufgabe vernetzt ist. Hier gilt die bewährte Regel: Teamarbeit bedeutet, die Dinge so zu machen, wie der andere diese benötigt.

Diese „Vernetzung“ können Sie als Regisseur unterstützen und fördern. Statt sich in Details einzumischen, heißt das für Sie zu koordinieren, zu verbinden und zu verknüpfen (siehe Kapitel 6.3).

*Autorität und Entscheidungsfähigkeit sind die wesentlichen Merkmale des Regisseurs. Die Stellung als Taktgeber muss er sich allerdings bei allen Beteiligten erst erarbeiten.*

## 6.2 Regiebuch

Für jeden Regisseur ist es eine Grundvoraussetzung, das Regiebuch des Events intensiv zu kennen – und dies nicht erst wenige Tage davor! Es kommt vor, dass Event-Manager fast während der gesamten Probenphase mit einem Drehbuchauszug arbeiten und sich die zeitlichen und räumlichen Zusammenhänge, die fast nur aus dem Regiebuch ersichtlich sind, erst währenddessen erarbeiten. Solche Regisseure haben nur allzu oft den Kopf im Regiebuch – anstatt das Regiebuch im Kopf. Das hemmt den Ablauf der Proben.

***Aufbau des Regiebuchs***

In zahlreichen Regieprojekten hat sich folgender Aufbau des Regiebuchs als nützlich erwiesen:

***Set-Planung***

Die fortlaufende, durch Überschriften oder Balken gekennzeichnete Gliederung bezieht sich auf die einzelnen *sets*. Es beginnt mit *set* 0, den zahlreichen Vorbereitungsmaßnahmen vor der Generalprobe und der Veranstaltung. *Set* 1 ist dann das Opening der Veranstaltung. Die einzelnen *sets* sind in sich geschlossene Ablaufeinheiten, die wiederum in Aktionseinheiten untergliedert werden (*set* 1/1 – 1/2 usw.).

*Timeline*

In der Zeitachse am linken Rand werden jeweils die Startzeit und Dauer einer Aktion in Minuten angegeben: 11:15, 5´ (Start 11:15 Uhr, Dauer 5 Minuten). So haben Sie während der Veranstaltung immer den Überblick über *time-lags* (Zeitverluste).

*Anweisungen kurz und knapp*

Anweisungen müssen vom Regieplatz aus schnell und präzise erfolgen. Es ist leichter für Sie, schnell Symbole zu lesen, als geschriebenen Text. Ich persönlich arbeite mit folgenden (Webding-)Symbolen:

- ⚡ Achtung, Aktion (meist in Verbindung mit ⟨⟩)
- ⟨⟩ Auftritt / 🎧 Mikro verkabeln
- 👁 Regie-Check (von mir zu checken)
- 🖥 Screen (Projektion) / ♫ Musik ab
- 🔈 Jingle/Zeitansage aus dem Off (über Mikro außerhalb der Bühne)
- ↘ Spot Pult fade in/down (Licht auf Pult ein/aus)

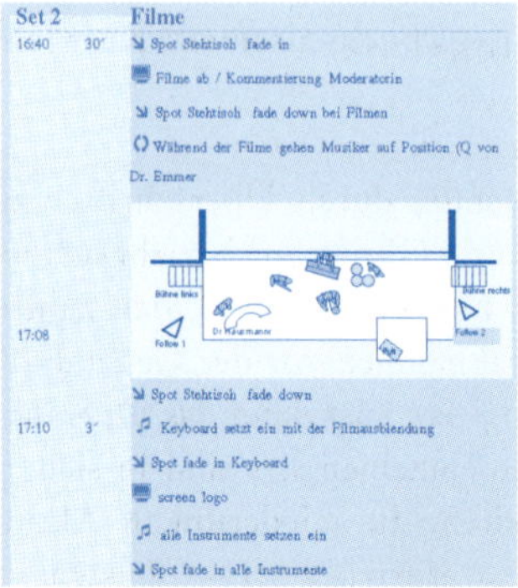

*Das Regiebuch ist Ihre „Bibel". Es beinhaltet den zeitlichen Verlauf, den Setplan, Anweisungen, sonstige Daten und alle Notizen.*

## 6.3 Veranstaltungsablauf

Nachdem nun so viel vorgeplant und die Veranstaltung bis ins kleinste Detail durchdacht und organisiert worden ist, steht irgendwann der Veranstaltungstermin vor der Tür. Der große Tag, auf den sich die Aufmerksamkeit aller Mitwirkenden wochen- oder monatelang konzentriert hat, ist endlich gekommen.

***... und ab. Kamera läuft***

Ihr Platz als Regisseur ist (meist) hinten im Saal bei der Technik. Und insbesondere bei Tagungen und Konferenzen, also bei Veranstaltungen mit einem hohen Anteil an Projektionen, neben dem Screen-Operator, der die Projektionen steuert. Hier sehen Sie am besten, welche Dateien fürs nächste *screen* anliegen. Auf der anderen Seite sitzen die Licht- und Tontechniker, damit Sie entsprechende Anweisungen geben können. Aber in der Regel machen diese ihren Job höchst professionell und selbstständig.

Von nun an lesen Sie Ihre Anweisungen entlang der *timeline* herunter und denken Sie daran: Immer nach vorne schauen, immer einen Gedanken voraus sein!

***Lampenfieber beherrschen***

- Akzeptieren Sie Ihre innere Unruhe. Lampenfieber

ist eine ganz natürliche Reaktion unseres Organismus.

- Gehen Sie vor Beginn der Veranstaltung noch einmal an die frische Luft und atmen Sie ruhig und tief ein und aus.
- Lassen Sie sich jetzt keinesfalls mehr bezüglich irgendwelcher Details ansprechen, das ist Aufgabe der Regieassistenz.

*Zum Abschluss noch einige praktische Hinweise*
Sicher ist dieses Buch lediglich als Leitfaden für den Ablauf Ihrer Planung gedacht – hier aber dennoch ein ganz pragmatischer Ansatz, mit dem Sie gleich in die *Set*-Planung gehen können:

**Intro:** Überlegen Sie sich einen Empfang Ihrer Teilnehmer, der diesen Orientierung und eine positive Grundstimmung vermittelt (das muss nicht immer das Glas Prosecco sein).

**Opening:** Als Auftakt der Veranstaltung im Plenum bringen Sie eine Aktion, die in das Thema einführt, es umreißt und erlebbar macht.

**Begrüßung:** Mit der Begrüßung nehmen Sie Einfluss, auch auf die Rede. Sie dient dem emotionalen Verlauf Ihrer Veranstaltung.

**Setup:** Überlegen Sie sich verschiedene Formen und Möglichkeiten, das Thema vorzustellen und die Ausgangslage zu erläutern. Statt Reden kann dies auch eine musikalische oder schauspielerische Einlage sein.

**Innensicht:** Stellen Sie die beteiligten Personen, ihre Beziehungen untereinander, die Notwendigkeit oder Dringlichkeit, Schauplatz und Zeitpunkt des Themas aus eigener Sicht dar.

**Außensicht:** Holen Sie sich einen externen Fachmann/Meinungsbildner. In dieser (Identifikations-) Phase geht es darum, verschiedene Blickwinkel zum Thema aufzubauen, insbesondere jene Standpunkte, von denen aus die Teilnehmer das Thema betrachten können oder wollen.

**Vision/Ausblick:** Bauen Sie „Bilder" in den Köpfen Ihrer Teilnehmer auf, die die Situation nach der Veränderung vorstellbar machen. Spielen Sie mit verschiedenen Inszenierungsmethoden.

**Kommunikation:** Spätestens hier planen Sie die erste Kommunikationsphase, während der sich die Teilnehmer austauschen können.

**Themenbearbeitung:** Workshops, „Break-out-sessions", Outdoor-Übungen ... Möglichkeiten, die Teilnehmer das Thema selbst bearbeiten und diskutieren zu lassen und damit voranzubringen.

**Kommunikation:** Unbedingt an dieser Stelle eine weitere Kommunikationsphase einplanen.

**Präsentationen:** Die Teilnehmer müssen ihre eigenen Arbeitsergebnisse auch präsentieren dürfen. Die Wahl der angemessenen Methode ist entscheidend für den

Zeitrahmen, wesentlich aber auch dafür, wie die Ergebnisse für Handlungskonzepte „eingefangen“ werden.

**Handlungskonzept:** Inszenieren Sie hier einen Abgleich zwischen den Hintergründen, Anforderungen und Zielen des Themas und den Arbeitsergebnissen. Dadurch gelangen Sie zu den

**Umsetzungshilfen:** Diese erleichtern es den Teilnehmern, die Ergebnisse und das neue Wissen für sich im Alltag umzusetzen.

**Finale:** Ein Videoclip der vorgestellten Vision könnte eine Zusammenfassung sein, in der die zu vermittelnde Botschaft nochmals vor Augen geführt wird.

**Ausklang:** In Anlehnung an das Opening vielleicht wirklich ein Klang, der die Erlebnisse noch einmal verstärkt, so dass sie „mitgenommen“ werden.

***Immer nach vorne denken, immer einen Gedanken voraus sein, keine operativen Aufgaben übernehmen, den Überblick behalten und schnelle Entscheidungen treffen – dann haben Sie den Ablauf der Veranstaltung im Griff.***

# Der Autor

Reinhard Philippi ist der Experte für die Dramaturgie von Unternehmenspräsentationen bei Kundenveranstaltungen, auf Messen und Events. Seit 15 Jahren berät und trainiert er Führungskräfte in Industrie und Wirtschaft zum Thema Präsentation.

Reinhard Philippi studierte Szenographie, Architektur und Kommunikationswissenschaften und erhielt seine Trainerausbildung durch Andreas Bornhäußer. Mit seiner präsenturgie®-Methode liegen die Schwerpunkte seiner Arbeit in der Konzeption und Begleitung von internen und externen Unternehmensauftritten, insbesondere in der Dramaturgie des kommunikativen Auftritts mit einer hohen motivationalen Wirkung. Dies stellt er eindrucksvoll als viel gebuchter Redner bei Vorträgen unter Beweis.

Reinhard Philippi ist Dozent an der Deutschen Direktmarketing Akademie Düsseldorf, an der e.b.a.m. BusinessAkademie für Medien, Event & Kultur, der Präsentainment-Akademie Bergheim im Studiengang MBT und er hat einen Lehrauftrag an der Berufsakademie Ravensburg.

faircom GmbH, Bertelestraße 41, 81479 München
Tel: (0 89) 74 97 96 76; Fax: (0 89) 74 97 96 79
Mobil : 0172 - 861 98 15
E-Mail: phil@faircomtrainings.de
www.eventdramaturgie.de

## Glossar

**Act:** In den Veranstaltungsablauf eingeschobene, unterhaltsame, meist künstlerische Aktion (*walking acts*, Sketch u. ä.).

**Antagonist:** Im klassischen Theater oder auch im Film illustriert er das Konfliktpotenzial des Protagonisten. Bei Events kann der Antagonist auftreten als Personifikation einer abstrakten Größe (Staat, Gesellschaft, System) oder als „alter ego".

**Central point:** Der Höhepunkt des bis dahin ansteigenden Spannungsbogens, dem dann eine Auflösung mit abfallender Spannung folgt. Er ist dramaturgisch die zentrale Stelle, bei der sich der Teilnehmer (oder in der Handlung der Protagonist) endgültig entscheidet, neue Wege im Sinne des gesetzten Ziels zu gehen.

**Chunk, chunking:** *Chunking* nennt man die Zusammenfassung von Einzelinformationen zu größeren *chunks*, wodurch die Menge der speicherbaren Informationen entscheidend erweitert wird.

**Claim:** Verbale „Klammer"/Slogan, der Zielsetzung und Inhalt der Veranstaltung kurz umreißt, Spannung erzeugt und Vorfreude auf die Teilnahme weckt.

**Cliffhanger:** Die Kunst der Unterbrechung.

**Clip:** In eine Präsentation eingeschobener kurzer Film.

**Community:** Gemeinschaft Gleichgesinnter (Usergemeinde, Fan-Club u. ä.). Ursprünglich eine Gemeinschaft, die sich im Internet entweder über eine bloße Informationsplattform (Website) oder über eine thematische Diskussionsgruppe (Newsgroup, Mailingliste, Chat) bildet, wird *community* genannt, wenn sich über den Informationsaustausch hinaus ein Beziehungsgeflecht zwischen den Teilnehmern entwickelt hat.

**Drehbuch:** Geschichte, die in Bildern, Dialogen und Beschreibungen innerhalb einer dramatischen Struktur erzählt wird. Eine alternative Definition beschreibt ein Drehbuch als eine Geschichte, die in linearen, aufeinander aufbauenden Szenen, die auf ein Ende zuschreiten, erzählt wird.

**Exposé:** Ein Exposé umfasst nicht mehr als fünf bis sieben Seiten und gibt einen ersten Einblick in das Thema und den Handlungsablauf (die Figuren). Es werden nicht alle Teile der Haupthandlung wirklich ausgeführt, auch nicht alle Nebenhandlungen.

**Genre:** *Public event, corporate event*, Tagung, Konferenz, Workshop u. ä.

**Inferential belief:** *Inferential beliefs* sind gefolgerte Meinungen. Durch Rückschlüsse lässt uns dieser Mechanismus über von uns wahrnehmbare Eigenschaften der Personen und Objekte auf deren verborgene Eigenschaften schließen. Dabei ist jedoch nicht gesagt, dass die gefolgerten Eigenschaften auch wirklich der Realität entsprechen.

**Keymessage:** Kernbotschaft; wichtigster Teil einer kommunikativen Aussage, kurz und prägnant formuliert.

**Keymotion:** Kernpunkt der emotionalen Motivation.

**Keyvisual:** Schlüsselbild, welches die Kernpunkte des Themas visualisiert.

**Konfrontation:** Wie der Name bereits andeutet, soll es bei der Bearbeitung eines Themas zu Auseinandersetzungen oder Reibungen kommen.

**Location:** Veranstaltungsort.

**Media literacy:** Vermittelt dem Teilnehmer den Glauben, er sei besonders geschickt, da er die logische Folge einer Handlung erkennt.

**Plot:** Der eigentliche Handlungsfaden. Er gibt die Handlung des Events in zwei bis drei Sätzen wieder.

**Plot point:** Wendepunkt in der Geschichte; gibt dem Drehbuch eine neue Richtung. Der so genannte erste *plot point* wendet das Drehbuch vom *setup* der Konfrontation zu. Ein weiterer *plot point* verändert die Richtung der Konfrontation und ein dritter wendet den Ablauf hin zur Lösung bzw. Einigung.

**Point of view:** Standpunkt und Blickwinkel der Betrachtung.

**Protagonist:** Hauptfigur einer Geschichte. Der

Protagonist ist durch sein Entwicklungspotenzial gekennzeichnet und wird durch den Antagonisten, die Nebenfiguren und die Situation, in der er sich befindet, illustriert. Bei Events kann das Thema durch mehrere Protagonisten (Redner, Fürsprecher, positive Beispiele usw.) dargestellt werden.

**Recodierung:** Prozess der Neucodierung von Einzelinformationen zu umfassenderen *chunks*, wodurch die Menge der speicherbaren Informationen entscheidend erweitert werden kann.

**Sentence frame:** Sinnrahmen.

**Set:** Thematisch zusammenhängender Teil von Szenen innerhalb eines Aktes.

**Setup:** Aufbau. Im *setup* wird alles eingeführt, was im Verlauf der Veranstaltung bzw. während der Bearbeitung des Themas passieren wird. Die wichtigsten Punkte sind das Umfeld oder Hintergrund, das Ziel, die Beteiligten, die Gegenspieler, die Probleme, die Motivation sowie das Genre.

**Story:** Geschichte oder Handlungsstrang einer Inszenierung.

**Storyboard**: Gibt Auskunft über Inhalte, Struktur und Gestaltung. Hier legen Sie alle dramaturgischen Eckpfeiler mit visualisierten *scribbles* fest.

**Storyline**: Verkürzte Form des *storyboards*.

**Szenario:** Das Szenario gibt die detaillierte Struktur eines Events, die chronologische Gliederung, wieder. Es empfiehlt sich, sowohl ein *treatment* als auch ein Szenario auszuarbeiten, bevor man mit dem eigentlichen Schreiben eines Drehbuchs beginnt. Das ermöglicht, den Ablauf gründlich zu analysieren und auf seine logischen Verknüpfungen hin zu prüfen.

**Teaser:** Kündigt kurz darauf Passierendes an; gibt vielleicht schon eine Kostprobe.

**Tension:** Stauchung. Spannt den Bogen der Handlung durch dosiertes Verlangsamen.

**Testimonial:** Öffentliche (positive) Aussage einer Person (zufriedener Kunde, Promi o. ä.) zu einem Thema oder Produkt.

**Timeline:** Zeitachse des *storyboards*/Regiebuchs, in der alle Szenen aufgeführt sind.

**Tonalität:** Klangcharakter, Stimmlage, Zwischentöne oder Klang eines Textes.

**Trailer:** Spot, der mittels einer visualisierten Geschichte in das Thema einführt oder auf die grundsätzliche Problemstellung aufmerksam macht.

**Treatment:** Beschreibt auf 10 bis 20 Seiten, wie Sie die *story* im Drehbuch umzusetzen gedenken. Im Gegensatz zum *storyboard* ist dies nicht visualisiert und quasi Ihr „roter Faden“ für die *Set*-Planung.

## Weiterführende Literatur


- BIRVEN, Sabine, BEHRENS-SCHNEIDER Claudia: Events und Veranstaltungen perfekt organisieren für Sekretariat und Assistenz, moderne industrie 2003
- BROWN, Stephen: Torment your Customer. Harvard Business Review, Oktober 2001
- FRAIOLI, James O.: Storyboarding 101. A Crash Course in Professional Storyboarding. Studio City 2000
- HOLZBAUR, Ulrich, JETTINGER, Edwin, KNAUß, Bernhard, MOSER, Ralf, ZELLER, Markus: Event-Management – Veranstaltungen professionell zum Erfolg führen, Cornelsen 2002
- KEMPER, Peter (Hrsg.): Der Trend zum Event, Suhrkamp 2001
- LESSING, Gotthold Ephraim: Hamburgische Dramaturgie, Erster Band, Online im Internet: http://gutenberg.aol.de/lessing/hamburg/hamb002.htm, Stand 30.10.2000
- MIKUNDA, Christian: Der verbotene Ort oder Die inszenierte Verführung: Unwiderstehliches Marketing durch strategische Dramaturgie, 3. Auflage, Düsseldorf: Econ 1998

- NEUMANN, David: Erlebnismarketing – Eventmarketing, Grundlagen und Erfolgsfaktoren, 2003

- NICKEL, Oliver (Hrsg.): Eventmarketing – Grundlagen und Erfolgsbeispiele, Vahlen 1998

- PHILIPPI, Reinhard: 30 Minuten für eine professionelle Beamerpräsentation, Frankfurt: Gabal 2003

- SEQUEIRA, A. Ronald: Gottesdienst als menschliche Ausdruckshandlung, in: MEYER, Hans Bernhard (Hrsg.) u. a.: Gottesdienst der Kirche: Handbuch der Liturgiewissenschaft, 2. Auflage, Regensburg: Pustet 1990


## Danksagung

All mein Wissen, alle Erfahrung und Professionalität verdanke ich den Unternehmen und den Menschen, mit denen die Inhalte und Abläufe gemeinsam erarbeitet wurden. Sie haben mir nicht nur ihr Projekt anvertraut, sondern mir auch den Freiraum für Ideen gegeben. In herzlicher Verbundenheit danke ich besonders Hartmut Riehm von der Siemens AG, der mich als erster auf den „Regiestuhl" gesetzt hat. Gleichermaßen danke ich Angelika Stucht-Engelke, Konzernführungskräfte Entwicklung der RWE AG, für die mehrere Jahre währende Zusammenarbeit. Ihr intensives Hinterfragen und die ständige Bereitschaft für neue Wege sind die Basis für den Erfolg der Konzerntreffen.

# Stichwortregister

## Zu diesem Themenkreis sind bereits erschienen:

Jutta Portner
**30 Minuten für perfekten Smalltalk**

ISBN 3-89749-042-0

Reinhard Philippi
**30 Minuten für eine professionelle Beamer-Präsentation**

ISBN 3-89749-297-0

Peter Heigl
**30 Minuten für gute Rhetorik**

ISBN 3-89749-123-0

Jörg Löhr/
Ulrich Pramann
**30 Minuten für mehr Erfolg**

ISBN 3-89749-127-3

Reinhard K. Sprenger
**30 Minuten für mehr Motivation**

ISBN 3-89749-030-7

U. Strunz/
H. Schwarz:
**30 Minuten für Höchstleistungen im Beruf**

ISBN 3-89749-031-5

**GABAL Verlag GmbH**
Postfach 200 252, 63077 Offenbach
Tel.: 0 69/83 00 66-0; Fax: 0 69/83 00 66-66
www.gabal-verlag.de
E-Mail: info@gabal-verlag.de